Ziemlich beste Freunde

Spaß am Lesen Verlag
www.einfachebuecher.de

Herausgeber: Aktion Mensch
Text in Einfacher Sprache: Sonja Markowski
Umschlagmotiv: Senator Home Entertainment
Satz und Gestaltung: Eenvoudig Communiceren

Lizenzausgabe mit Genehmigung des Verlags Hanser Berlin.
© Spaß am Lesen Verlag, Münster.
1. Auflage: 2013
2. Auflage: 2015
3. Auflage: 2016
4. Auflage: 2017
5. Auflage: 2018
6. Auflage: 2019

Diese Ausgabe ist eine Bearbeitung des Buches von
Philippe Pozzo di Borgo „ Ziemlich beste Freunde".
Deutsche Originalausgabe © 2012 Hanser Berlin
im Carl Hanser Verlag München.
Alle Rechte vorbehalten.

ISBN 978 3 9813270 9 0

Philippe Pozzo di Borgo

Ziemlich beste Freunde

In Einfacher Sprache

Bearbeitung Sonja Markowski

Mit einem Nachwort der Aktion Mensch

Spaß am Lesen Verlag

INHALT

Vorwort

Dies ist die wahre Geschichte von Philippe Pozzo di Borgo. Der Franzose war ein erfolgreicher Geschäftsmann. Er liebte Geld, Erfolg und das Abenteuer.

Doch eines Tages verändert ein Unfall sein Leben. Ganz plötzlich. Mit 42 Jahren ist Philippe auf einmal kein sportlicher, junger Mann mehr. Er ist gelähmt und sitzt im Rollstuhl. Nichts kann er mehr selbst.

Philippe Pozzo di Borgo erzählt über diese schwierige Zeit in seinem Leben. Über seine Schmerzen, seine Ängste. Und darüber, wie ein ganz besonderer Mann ihm neuen Mut zum Leben gibt.

Philippe hat seine Geschichte aufgeschrieben und 2001 in Frankreich veröffentlicht. Das Buch heißt *Le second souffle*, übersetzt *Der zweite Atem*.
2010 haben die Filmemacher Olivier Nakache und Eric Toledano einen Teil dieses Buchs verfilmt. Dieser Film heißt im Original *Intouchables*. Der deutsche Titel ist *Ziemlich beste Freunde*.

Fast alles aus dem Film steht auch in Philippes Buch und ist wirklich passiert. Manche Szenen haben sich die Filmemacher selbst ausgedacht.

In diesem Buch in Einfacher Sprache stammt das meiste aus Philippes Buch. Einige Stücke kommen jedoch nur im Film vor.

Schwierige Wörter oder Ausdrücke sind unterstrichen. Die Erklärungen stehen in der Wörterliste ab Seite 68.

Fliegen

Ich liebe Gleitschirm-Fliegen. Das Abenteuer. Die Freiheit. Mit einem Rucksack fahre ich in die Berge. Ich halte an den schönsten Plätzen. Hunderte Flüge habe ich bereits hinter mir.

Gekonnt hebe ich den Gleitschirm hoch. An manchen Stellen drückt der Wind das Gras platt. Daran kann ich erkennen, wann und wo ich am besten losfliegen kann. Ich renne los und hebe ab.

Ich kreise. Und kreise. Und kreise weiter. Ich schreie wie ein Adler. Dann zünde ich mir eine Zigarette an. Aus meinem Kopfhörer kommt klassische Musik. Schon oft habe ich laut Opern gesungen, schwebend durch die Luft.

Ich bleibe unendlich lange oben. Höher als alle anderen Gleitschirme. Weit über den Bergen. Zwischendurch trinke ich etwas. Ich sauge am Strohhalm, der am Helm befestigt ist. Wenn ich Hunger habe, knabbere ich an einem Schokoriegel.

Ich bereite die Landung vor, beuge mich nach vorne.
Der Schirm stürzt in die Tiefe. Mit großer
Geschwindigkeit rase ich hinab. Ich fliege dreitausend
Meter hoch. Zweitausend. Tausend. Ich habe alles unter
Kontrolle.
Der Landeplatz kommt immer näher. Der Schirm öffnet
sich weiter. Sanft lande ich auf dem Boden. Wie ein
Schmetterling auf einer Blüte.

Dann kommt der Tag, an dem alles anders ist. Ich lande
ohne zu bremsen im grünen Gras. Noch weiß ich nicht,
dass sich mein Leben für immer ändern wird.

Der Absturz

Ich liege auf dem Bauch am Hang. Ich bin wohl
ohnmächtig geworden.
Um mich herum sehe ich meine Freunde. Einer gräbt
ein Loch in den Boden, vor meiner Nase. Ich soll besser
Luft bekommen. Dann ruft er über das Funkgerät den
Rettungsdienst. Er schimpft. Es läuft wohl nicht so, wie
er will. Irgendetwas mit dem Hubschrauber.

Warum fragen denn alle, ob ich atmen kann? Warum
hilft mir keiner hoch? Warum fasst mich niemand an?
Ein Grashalm kitzelt meine Nase. Ich niese und muss
lachen. Ein anderer Freund redet komisch mit mir. Wie
mit einem kleinen Kind. Er zittert.

Dann merke ich, dass ich mich nicht bewegen kann. Ich
werde wieder ohnmächtig.
Erst der Lärm des Hubschraubers weckt mich. Es weht
ein starker Wind. Der Hubschrauber kann kaum in
der Luft stillstehen. Ein Arzt und ein Feuerwehrmann
springen heraus.

Ich fühle nichts.

Sie legen mich auf eine Trage. Über mir sehe ich den Himmel und den Hubschrauber.

Langsam fange ich an zu verstehen.

Ein Seil wird vom Hubschrauber heruntergeworfen. Ich rufe meinen Freund zu mir. Er soll sofort Béatrice anrufen, meine Frau. Sie soll wissen, dass ich sie liebe. Dass sie mein Ein und Alles ist, mein Licht. Es tut mir jetzt schon leid, dass sie weinen wird. Genau wie unsere beiden Kinder und meine Eltern.

Dann gebe ich meinem Freund die Nummer meiner Sekretärin. Sie soll meine Termine in den nächsten Tagen absagen.

Wir fliegen los. Meine Freunde bleiben zurück. Man setzt mir eine Sauerstoffmaske auf.

Im Krankenhaus

Wir landen auf dem Dach des Krankenhauses.
Man schiebt mich schnell durch die Gänge. Alle
möglichen Leute wollen mit mir reden.
„Schluss jetzt! Es eilt!", sagt ein Mann. Es muss der
Chirurg sein. Er wird mich operieren.

„Seine Chance zu überleben ist eins zu fünf", sagt der
Chirurg zu meiner Frau und meinen Eltern.

Dann höre ich eine Weile gar nichts mehr. Ich kann
nicht mehr atmen. Die Ärzte schließen mich an ein
Gerät an. Es soll mir beim Atmen helfen. Sie geben mir
viele Medikamente. Damit komme ich in ein <u>künstliches
Koma</u>. Das muss sein. Denn sonst wehrt sich mein
Körper gegen das Atemgerät.

Nach einem Monat weckt man mich aus dem Koma.
Ganz langsam komme ich zu mir. Man erzählt mir, dass
Béatrice die ganze Zeit bei mir war. Meine geliebte
Frau. Sie hat mir Geschichten erzählt. Sie war einfach
da. Dabei ist sie selber schon seit Jahren krank. Sie hat
Krebs. Trotzdem hat sie genug Kraft, mich zu stützen.

Sie hält mich am Leben.

Doch ich darf noch lange nicht nach Hause.
Ein ganzes Jahr bleibe ich noch in Krankenhäusern und
Reha-Zentren.

Der Unfall mit dem Gleitschirm hat meine Wirbelsäule
beschädigt. Vom Hals abwärts bin ich gelähmt. Ich
kann nur meinen Kopf bewegen. Diese Art von Lähmung
nennt man Tetraplegie. Ich kann sprechen. Doch in
meinen Armen und Beinen habe ich kein Gefühl. Sogar
das Atmen fällt mir schwer. Denn ich spüre auch meine
Brustmuskeln nicht. Ich muss lernen anders zu atmen,
mit dem Zwerchfell. Das ist ziemlich schwierig.

Ich will nicht gelähmt sein. Behindert. Ich kann es noch
immer nicht glauben. Manchmal denke ich, ich werde
verrückt. Was hat so ein Leben noch für einen Sinn?

Eines Nachts fühle ich mich so schlecht, dass ich
mich umbringen will. Doch das ist nicht so einfach für
einen Gelähmten. Durch einen Schlauch bekomme ich
Sauerstoff in die Lungen. Ich wackle mit dem Kopf und
schaffe es tatsächlich: Der Schlauch ist raus!

Doch das Gerät fängt gleich an zu piepen. Alarm.
Die Krankenschwestern kommen. Und alles ist wieder
so, wie es war.

Nur durch Béatrice schaffe ich es irgendwie, ein wenig
Mut zu fassen. Sie ist immer für mich da. Sie hilft mir.

Ich bemühe mich wirklich. Erst liege ich nur im
Rollstuhl. Bei meinem Kinn ist eine Steuerung.
Dadurch kann ich selber bestimmen, wo ich hinfahre.
Monatelang übe ich das Sitzen. Irgendwann kann ich
meinen Kopf aufrecht halten.

Endlich darf ich wieder nach Hause.

Abdel

In meiner Villa in Paris kann ich nichts alleine.
Für alles brauche ich Hilfe: zum Anziehen, Ausziehen,
Essen und zum Zähneputzen.
Ich brauche einen Pfleger. Einen, der immer für mich
da ist. Einen, der mich hochheben kann und der
auf mich aufpasst. Béatrice ist selbst zu schwach
geworden, um mir zu helfen.

Also gebe ich eine Anzeige beim Arbeitsamt auf.
90 Bewerber melden sich. Einige lade ich zu einem
Bewerbungsgespräch ein.
Die meisten Bewerber tragen ein Sakko. Sie sehen
gepflegt aus. Ich frage sie, warum sie bei mir arbeiten
wollen. Und was sie bisher gemacht haben.
Ihre Antworten langweilen mich. Ja, manche sind sehr
erfahren. Doch keiner kann mich wirklich beeindrucken.

„Ich brauche eine Unterschrift!", höre ich plötzlich.
Ein Mann platzt ins Zimmer. „Um zu beweisen, dass ich
mich beworben habe. Fürs Arbeitsamt. Sonst bekomme
ich kein Geld mehr vom Staat. Unterschreiben Sie jetzt
oder was!?" Er wird immer wütender.

„Das geht jetzt nicht so einfach", antworte ich.
„Warum nicht?", fragt der Mann. Ihm war wohl noch nicht aufgefallen, dass ich gelähmt bin. Ich fahre mit meinem Rollstuhl zu ihm. Dann versteht er.
„Das ist ärgerlich", sagt er etwas ruhiger.

Der Mann ist nur etwa 1 Meter 70 groß. Dafür sieht er aber unheimlich stark aus. Viel Erfahrung hat er wohl nicht. Und er ist nicht gerade der typische Pfleger. Trotzdem gefällt er mir. Er sagt, was er denkt. Und er denkt nicht darüber nach, was ich von ihm hören will. Er ist einfach sich selbst.
Morgen soll er wiederkommen. Dann kann er meinetwegen die Unterschrift bekommen.

Der Mann heißt Abdel. Am nächsten Tag ist er tatsächlich da. Meine Haushälterin zeigt ihm das Haus. Sie erklärt ihm, wie mein Tag aussieht.
Ich habe schon lange entschieden, dass ich ihn als Pfleger will. Auch wenn andere Leute mich für verrückt erklären werden.

„Können Sie arbeiten? Pünktlich sein? Sind Sie zuverlässig?", frage ich ihn.

„Haha. Sie haben Humor!", antwortet Abdel.

Ich ärgere ihn ein bisschen: „Ich wette, dass Sie es keine zwei Wochen aushalten."

Das lässt sich Abdel nicht gefallen. Dazu ist er zu stolz. Er will mir beweisen, dass er arbeiten kann. Also zieht Abdel ins <u>Studio</u> im obersten Stock. Ich bezahle ihn gut. Er bekommt Essen. Seine Wäsche wird gewaschen. Dafür ist er immer für mich da.

Morgens

Ich wache auf. Es ist ein Morgen wie jeder andere.
Neben meinem Bett hängt ein Beutel. Darin wird mein
Urin aufgefangen. Durch meine Lähmung kann ich
nicht auf die Toilette gehen. Nach dem Urinbeutel muss
mein Darm geleert werden. Denn durch die Lähmung
geht das nicht von alleine.

Für mich ist es nichts Neues. Doch Abdel weigert sich
erst.
„Den Darm leeren? Niemals! Das mache ich nicht!", sagt
er wütend.
„Wie können Sie so etwas von mir verlangen?"
Irgendwann überwindet er sich. Es muss eben sein.

Danach duscht er mich. Auf dem Duschsitz werde ich
fast ohnmächtig. Ich kenne das schon. Mein Kreislauf
macht nicht mit. Mir wird schwarz vor Augen. Ich höre
nichts. Ich spüre nichts. Nur einen kleinen Luftzug.
Mein Kopf kippt nach vorne.
Dann höre ich endlich das Rauschen der Dusche. Spüre
das Wasser im Gesicht. Da bin ich wieder.

Abdel beugt sich nach vorn. Sein Kopf berührt meinen Brustkorb. Er presst seine Knie gegen meine und legt seine starken Arme um mich. Er lehnt sich nach hinten und hebt mich hoch.

Wir spiegeln uns in der Fensterscheibe. Ich sehe mich von hinten. Es sieht so aus, als ob ich stehe.
Früher war ich ein schöner Mann. Davon ist jetzt nicht mehr viel übrig.

Beim Hochheben fließt mein Blut in die Beine, weg vom Kopf. Ich werde wieder fast ohnmächtig. Abdel legt mich aufs Bett.

Béatrice stirbt

Meiner lieben Frau geht es sehr schlecht. In den letzten Jahren war sie so krank. Meine liebe Béatrice. Trotzdem waren wir glücklich. Wir haben am Kamin gesessen, unsere Kinder genossen, Klavier gespielt und Kirschen gepflückt.
Sie ist unbeschreiblich schön. Doch jetzt hat der Krebs gewonnen. Ihre Kraft ist zu Ende. Béatrice stirbt.

Ich bin unendlich traurig. Kann es fast nicht aushalten. Am liebsten würde ich auch aufgeben. Ich fühle meinen Kummer im ganzen Körper. Es geht mir schlecht.
Nur für meine Kinder lebe ich weiter.

Abdels Kindheit

Zum Glück gibt es Abdel. Er achtet auf jedes Zeichen
von mir. Tagsüber ist er die meiste Zeit bei mir. Nachts
hört er mich über die Sprechanlage.
Er versteht, was er für mich tun muss. Auch wenn vieles
neu für ihn ist. Irgendwie kümmert er sich um mich wie
eine Mutter um ihren Sohn. Er ist einfach da. Egal, wie
schlecht es mir geht. Egal, wie traurig oder mutlos ich bin.
Außerdem kann er gut kochen. Nur leider räumt er
hinterher nie auf.

Abdel ist stolz. Auch das gefällt mir. Allerdings ist er so
stolz, dass er seine Jobs bisher nie lange behalten hat.
Er mochte es nicht, wie ihn die Chefs behandelt haben.
Wie lange er es wohl bei mir aushält?

Abdel wurde in Algerien geboren. Er war eins von
zehn Kindern, erzählt er mir. Seine Eltern haben ihn
an einen Onkel gegeben. Da war Abdel gerade mal
drei Jahre alt. Der Onkel konnte selbst keine Kinder
bekommen. Das hat man damals so gemacht. Abdel
hat es nie verstanden. Wie kann man sein eigenes Kind
verschenken?

Seine Kindheit und Jugend hat Abdel in einem Pariser Vorort verbracht. In einer Gegend mit vielen Hochhäusern. Keine gute Gegend. Diebstahl und Drogenhandel waren dort ganz normal.
Abdel lacht: „Viele Leute dort sind im Winter lieber im Gefängnis. Da ist es wenigstens schön warm!"

Jetzt wohnt er in meiner Luxusvilla, in einer schicken Gegend in Paris. Eine völlig andere Welt.

Abdel und die Frauen

Das Telefon klingelt. Eine Frau weint laut und versucht etwas zu sagen. Ich kann sie nicht verstehen. „Beruhigen Sie sich!", bitte ich sie. „Was ist passiert?"

Sie erzählt, dass sie Abdel gerade erst kennengelernt hat. Er wollte sie zum Essen einladen. Das wundert mich. Denn sonst bezahlt er das Essen seiner Freundinnen nie.

Abdel fuhr mit ihr im Auto zum Restaurant, sagt sie. Unterwegs hat Abdel angehalten. Er wollte eine „Vorspeise". Und damit war kein Essen gemeint ...
Die Frau am Telefon erzählt mir genau, was sie dann tun musste.
Nach dem Sex sollte sie etwas für Abdel aus dem Kofferraum holen. Als sie ausstieg, fuhr er mit quietschenden Reifen weg.
Die Frau war wütend. Sie hatte recht. Ich verspreche ihr, mit Abdel zu reden.

Abdel kommt nach Hause. Ich erzähle ihm, wer angerufen hat. Und dass ich sein Verhalten nicht in Ordnung finde.

Er braucht zehn Minuten, um sich von einem Lachanfall zu erholen.

„Ich habe doch eine Menge Geld gespart", sagt er.

„Für die Vorspeise und fürs Essen im Restaurant!"

Er erzählt mir noch ein paar solcher Geschichten über Frauen. Ich will sie nicht hören.

Wir streiten uns öfter über das Thema Frauen. Abdel hat am liebsten nicht zweimal hintereinander dieselbe. „Frauen rauben mir die Freiheit", sagt er. „Dabei sind sie doch dazu da, die Klappe zu halten!"

„Abdel, man muss Respekt vor Frauen haben!", versuche ich ihn zu überzeugen. „Ohne sie würde es keine Menschen mehr geben!"

Er denkt kurz nach und sagt dann: „Gott kann jedenfalls keine Frau sein. Können Sie sich vorstellen, dass er jeden Monat seine Tage bekommt? Das geht doch nicht! Gott muss ein Mann sein!"

Das war bestimmt nicht der letzte Streit zwischen uns über dieses Thema ...

Es ist erstaunlich, wie viele Frauen Abdel rumkriegt.
Ich habe gesehen, wie eine Abdels Telefonnummer auf
ihre Hand schrieb. Ihr Ehemann stand in der Nähe.
Das hat Abdel überhaupt nicht gestört.
Mit einer anderen Frau hat Abdel geflirtet, obwohl ihre
Tochter und Mutter dabei waren.

Er traut sich einfach. Und anscheinend können ihm die
Frauen nicht widerstehen.

Abdel und die Männer

Eines Tages müssen Abdel und ich zu einer Verabredung. Abdel holt mich vorsichtig aus dem Rollstuhl und setzt mich ins Auto. Dann fährt er vom Parkplatz meiner Villa zur Straße hinaus. Doch ihm fällt ein, dass er das Haus noch abschließen muss. Also parkt er das Auto und läuft zurück zum Haus. Ich muss solange im Auto sitzen bleiben.

Dann sehe ich, dass Abdel vor der Einfahrt des Nachbarn geparkt hat. Genau in dem Moment will der Nachbar wegfahren. Doch er kommt nicht an unserem Wagen vorbei. Der Nachbar fängt an zu hupen. Er ist ziemlich verärgert. Sein Kopf wird rot.

Abdel kommt zurück. Er lässt sich nicht beeindrucken. Ganz lässig läuft er zu unserem Auto. Er schaut, ob ich richtig angeschnallt bin.

Jetzt ist der Nachbar erst recht wütend. Er steigt aus seinem Auto und brüllt Abdel an. Der Nachbar ist einen Kopf größer als Abdel und viel schwerer.
Doch Abdel packt ihn am Kragen: „Na, was hast du für ein Problem?"

Der Nachbar ist empört. Er wird immer wütender.
Da bekommt er den ersten Schlag von Abdel. Seine Nase
blutet. Jetzt ist der Nachbar richtig wild.
„Ich will mit deinem Arbeitgeber reden!", ruft er.
Abdel zeigt auf mich, hinten im Wagen. Er gibt dem
Nachbarn noch zwei Ohrfeigen. Dieser schaut zu mir.
Er guckt verwundert. Dann geht er zurück zu seinem
Auto. Er hat wohl nicht erwartet, dass Abdel zu mir
gehört.

Ich sitze in meinem Rollstuhl und schäme mich.
Als der Nachbar weg ist, lacht Abdel minutenlang. Er ist
überrascht, dass ich sein Verhalten nicht gut finde.

Für Abdel gilt: Der Stärkere gewinnt. Er ist daran
gewöhnt, Probleme mit Schlägen zu lösen. So war es in
seinem Leben immer gewesen. So hat er es gelernt.

Verbotene Dinge

Abdel spricht nicht oft über seine Vergangenheit. Doch langsam erfahre ich immer mehr über sein altes Leben.

Abdel kann kurze Strecken unglaublich schnell rennen. Das war mir schon öfter aufgefallen.
Er erklärt: „Das ist gut, wenn man die Bullen loswerden will. Irgendwo ist immer ein Eingang zur Metro.
Da finden sie mich nicht. Dann bin ich in Sicherheit!"
Auf diese Weise hat die Polizei ihn fast nie geschnappt.

Doch er gibt zu, dass er im Gefängnis war.
„Nur ein paar Monate", sagt Abdel. „Ach ... ein kleiner Schmuckdiebstahl. Wir haben uns leider erwischen lassen. Die ganze Bande."
Es hat also nicht immer geklappt mit dem Wegrennen.

Ein paar meiner Freunde sind zu Besuch. Es sind vornehme, reiche Leute. Das gefällt Abdel. Er schockiert sie gerne mit seinen Geschichten.

„Eine Sache kann ich besonders gut", erklärt er ihnen.
„Sachen verkaufen, die vom Laster gefallen sind.

Man besorgt einen gestohlenen Laster. Und dann verkauft man die Ware, die drin ist. Bezahlung nur mit Bargeld. Keine Schecks."

Manchmal denke ich, dass Abdel noch immer gestohlene Sachen verkauft. Er hat mir schon alles Mögliche angeboten: teures Parfüm, Handys, Computer, Stereoanlagen. Ich habe keine Ahnung, woher er das alles hatte.

„Abdel, das kann ich nicht annehmen. Sie wissen das", sage ich dann.
„Aber das sind echt gute Sachen!", versucht Abdel mich zu überzeugen.

Ein guter Freund will sich mit mir verabreden.
„Du weißt wahrscheinlich, warum ich dich treffen wollte", sagt er. „Alle machen sich Sorgen! Was ist dein Pfleger für ein Typ?"
Er meint Abdel.
„Er soll gewalttätig sein, habe ich gehört.
Und leichtsinnig", erzählt mein Freund weiter.
„Du musst aufpassen, wen du in dein Haus lässt.
Vor allem in deinem Zustand. Ich habe mich erkundigt.

Dein Pfleger war im Gefängnis. Pass bloß auf!
Solche Typen haben kein Mitleid!"

„Genau!", antworte ich. „Das ist genau, was ich will.
Kein Mitleid! Abdel hat Arme und Beine. Er ist stark und
gesund. Alles andere ist mir egal."

Damit ist unser Gespräch zu Ende.

Zu meinem Geburtstag schenkt Abdel mir eine riesige
CD-Sammlung. Er weiß, wie sehr ich klassische Musik
liebe. Ich freue mich sehr über die 200 CDs. Vier Tage
kann ich ohne Pause genießen.

„Hier!", sagt er und gibt mir den Kassenbon der CDs.
Dann grinst er.
„Wegen der Garantie, falls eine CD kaputt ist."

Er hat sie also nicht gestohlen. Die CDs sind ein richtiges
Geschenk. Darum freue ich mich ganz besonders.

Abdel und die Kunst

Ich liebe nicht nur klassische Musik. Auch Kunst ist meine Leidenschaft. Moderne Kunst. Oft ist nicht deutlich, was genau auf dem Bild zu sehen ist. Man muss selber darüber nachdenken. Ein Bild kann viel Ruhe ausstrahlen. Es kann einen aber auch berühren, Gefühle auslösen.

Abdel ärgert diese Kunst. „Wenn ich jemandem zum Erklären brauche, dann stimmt doch was nicht!" „Sie haben recht, Abdel", versuche ich ihn zu beruhigen. „Manchmal ist moderne Kunst langweilig. Doch manche Künstler können einen wirklich beeindrucken. Auch Sie, Abdel. Mit Kunst kann ein Mensch Spuren hinterlassen. So kann man sich später an ihn erinnern. Auch nach seinem Tod."

Abdel und ich sind in einer Ausstellung. Gelangweilt schiebt Abdel mich vor sich her. Ich schaue mir die Bilder an. Abdel isst lieber M&Ms.

„Schauen Sie doch mal", sage ich zu Abdel und zeige auf eines der Bilder. „Beeindruckt Sie das gar nicht?"

Abdel schüttelt nur den Kopf.

„Beeindrucken? Bei den Preisen? Was die verdienen!
Ich kann Ihnen auch so was malen, für weniger!"

Er steckt noch ein paar M&Ms in den Mund.

„Geben Sie mir auch eins", bitte ich ihn.

„Nein", antwortet Abdel. „Keine Arme, keine Schokolade."
Dabei guckt er mich herausfordernd an.

„Es ist ein Witz!", sagt er und lacht. „Ein Witz, zum
Lachen!"

Ich bin erleichtert. Es war nur ein Witz. Abdels Humor
ist erfrischend.

Tatsächlich fängt Abdel kurz darauf an zu malen.

Bunte Farben. Ein paar Kleckse hier. Ein paar Striche da.

Gar nicht so schlecht. Ich habe den Eindruck, es macht
ihm Spaß.

Ich zeige das Bild einem Freund. Aber ich sage ihm
nicht, dass Abdel es gemalt hat.

„Es ist von einem neuen, jungen Künstler", erzähle ich
ihm. „Das Bild kostet 11.000 Euro."

„So viel, für einen noch unbekannten Künstler?"
Mein Freund zweifelt. Ich bin gespannt, wie er sich
entscheiden wird.

Geblitzt

Ich liege seit Tagen im Bett. Es geht mir wieder nicht gut. Meine Sekretärin ist bei mir. Sie schreibt einen Brief für mich.

Da kommen zwei Polizisten herein.
„Wir möchten Ihnen ein paar Fragen stellen", sagt der eine. „Jemand wurde letzte Nacht in Ihrem Auto geblitzt."

Der Polizist zeigt mir ein Foto. Darauf steht Abdel, in einem meiner schönsten Autos.
„Schauen Sie bitte nach, ob der Jaguar im Hof steht", bitte ich meine Sekretärin.
Sie schaut raus. „Nein, Monsieur Pozzo", sagt sie.
„Ihr Wagen ist nicht da!"

Ich will Abdel nicht anzeigen. Darum sage ich zu den Polizisten: „Das kann doch gar nicht sein! Wurde das Auto vielleicht gestohlen?"
„Kennen Sie den Mann auf dem Foto?", fragt einer der Polizisten.
„Nein", antworte ich und gucke ganz unschuldig.

„Wissen Sie denn, wer das sein könnte?", frage ich die Polizisten.

„Oder Sie?", frage ich meine Sekretärin.

Zum Glück verrät sie Abdel nicht. Auch sie guckt ganz unschuldig und antwortet: „Nein, Monsieur Pozzo. Keine Ahnung."

Anderen Leuten würden die Polizisten vielleicht nicht glauben. Doch ich bin gelähmt. Ich schnaufe vor Schmerzen. Sitze im Rollstuhl. In meinem riesigen Haus in einer reichen Gegend. Meine Sekretärin ist schick gekleidet.

Uns glauben die Polizisten. Beim Hinausgehen sagen sie: „Wenn Sie vom Auto hören, rufen Sie uns bitte an."

Später erzähle ich Abdel vom Besuch der Polizisten. Er findet die Geschichte unglaublich lustig.

„Ich bin 150 gefahren! Und sie haben mich geblitzt!", lacht Abdel. Vor lauter Lachen rollen Tränen über seine Wangen.

„Bravo, Abdel", antworte ich. „Aber wo ist mein Wagen?"

Abdel gibt mir den Schlüssel.

„Mehr ist nicht übrig. Ich bin gegen eine Mauer gefahren", sagt er.

Dann verzieht er das Gesicht vor Schmerzen. Es muss ein schwerer Unfall gewesen sein. Denn Abdel hat sich dabei das Becken gebrochen. Er muss sich operieren lassen.

Abdel ist wirklich ein furchtbarer Autofahrer. Manchmal schläft er am Steuer ein. Ich muss ihn wach halten. Der Abstand zum Auto vor ihm ist oft viel zu klein. Durch seinen Fahrstil baut er ständig Unfälle. Er hat seine eigenen Verkehrsregeln. Eine Einbahnstraße? Ist ihm egal. Rote Ampel? Egal. Aber Abdel behauptet immer: „Ich bin der Beste!"

Dabei lacht er. Er würde nie zugeben, dass er einen Fehler gemacht hat. Dazu ist er viel zu stolz.

Reingefallen

Eines Tages fahren wir in meinem Rolls Royce auf der Autobahn. 200 Kilometer pro Stunde, sehe ich. Viel zu schnell.

„Es geht noch schneller!", sagt Abdel. „Das Gaspedal ist noch nicht ganz unten!"

Wir kommen zur Mautstelle. Der Polizist will, dass wir rechts ranfahren.

„Sie sind 205 Kilometer pro Stunde gefahren", sagt er. Ich weiß schon, was jetzt passiert. Ich mache die Augen zu. Abdel ist ein guter Schauspieler. Er antwortet aufgeregt: „Monsieur ist furchtbar krank. Sehr hoher Blutdruck! Wenn wir nichts tun, explodiert sein Kopf!"

Ich stöhne laut. Abdel hebt meine Hand hoch und lässt sie wieder fallen. Er will zeigen, dass ich gelähmt bin. Dann hält er dem Polizisten meinen Behindertenausweis hin.

Der Polizist geht zu einem Kollegen. Sie kommen auf Motorrädern zurück. Dann schalten sie Blaulicht und Sirene ein. Sie fahren vor uns her, bis zum Krankenhaus.

„Mann, was für ein Spaß!", lacht Abdel.

Beim Krankenhaus holt einer der Polizisten den Notarzt. Abdel hebt mich aus dem Auto. Er legt mich auf die Trage. Die Polizisten schauen erstaunt zu.

„Er braucht einen suprapubischen Katheter! Er hat einen Harnstau!", ruft Abdel dem Arzt zu. Er benutzt in diesen Momenten gerne schwierige Wörter.

Dann schlägt er mir ein paarmal ins Gesicht. Das Blut soll wieder in meine Wangen strömen.

„Übertreiben Sie es nicht!", flüstere ich ihm zu.

Dann tue ich so, als ob ich wieder aufwache: „Was ist denn passiert? Abdel, warum habe ich Kopfschmerzen?"

„Ah, Monsieur Pozzo!", sagt Abdel. „Sie sind wieder da!"
Dann bittet er einen Pfleger: „Halten Sie die Autotür auf? Dann kann ich Monsieur Pozzo hineinsetzen. Er ist wieder in Ordnung."

Abdel hat es wieder geschafft. Alle sind auf ihn reingefallen.

Auf dem Rückweg ist alles wie immer: „Abdel, Sie schlafen! Sie sind zu dicht am vorderen Auto dran!"

„Keine Sorge", sagt er.

Und dann kracht es. Abdel fährt gegen das Auto vor uns. Es hatte gebremst.

Frauen für mich

Abdel liebt Frauen mit weiblichen Rundungen. Erst verbringt er ein paar Stunden mit ihnen. Dann bietet er sie mir an. Warum er das tut? Vielleicht möchte er mir helfen, über den Tod von Béatrice hinwegzukommen.

„Das ist nichts für mich, Abdel!", sage ich ihm. Doch er versucht es immer wieder.

Ich liege im dunklen Zimmer und höre Musik. Ich probiere meine Schmerzen zu vergessen. Das Brennen in meinem Körper. Es gehört zur Lähmung dazu. Vielleicht hört sich das merkwürdig an. Denn ich fühle ja nichts vom Hals abwärts. Doch genau im gelähmten Teil meines Körpers brennt es. Wie ein Feuer, das nie ausgeht.

Manchmal brennt es schwach. Und manchmal ist es unerträglich heiß. Es brennt in den Händen, im Gesäß, an den Schenkeln, um die Knie herum, in den Waden.

Phantomschmerzen nennt man das. Man fühlt etwas, das man eigentlich nicht fühlen kann.

Einen Vorteil haben die Schmerzen: Ich kann das Wetter vorhersagen. Brennt es ganz besonders stark, wird es wahrscheinlich regnen.

Abdel steckt den Kopf zur Tür herein:
„Ich habe eine Schmerztablette für Sie!"
Dann geht er einen Schritt zurück. Er macht Platz für eine Dame mit riesigen Brüsten.
„Na dann, gute Nacht", ruft Abdel lachend und macht die Tür zu.

Die Frau legt sich nackt neben mich. Sie schmiegt sich an meine Schulter. Wir reden nicht. Sie ist aufmerksam. Und meine Behinderung ist ihr anscheinend egal. Irgendwie beruhigt sie mich. Endlich schlafe ich ein.

Nach ihr kommen öfter Frauen zu mir. So wie die Dame, die mit viel Gefühl meine Ohren massiert.
Die Aufmerksamkeit dieser Frauen gefällt mir. Béatrice lassen sie mich nicht vergessen. Aber meine Schmerzen und meine Einsamkeit sind durch sie erträglicher.

Schutzteufel

Andere Menschen haben <u>Schutzengel</u>. Ich habe einen
Schutzteufel: Abdel.

Manchmal kann ich ihn kaum ertragen. Er ist stolz,
unzuverlässig und frech. Er glaubt, dass er alles kann.
Aber er ist auch so herrlich menschlich.

Er pflegt mich pausenlos, wie ein Baby. Wenn ich
ohnmächtig werde, ist er sofort da. Er spürt, wenn es
mir nicht gut geht. Dann weiß er, was er tun muss.
Er legt mir ein feuchtes Tuch über die Augen, beruhigt
und beschützt mich.

Abdel gibt mir Mut zum Leben. Ohne ihn wäre ich schon
lange nicht mehr da.

Abdels Geschäftsidee

„Monsieur Pozzo, ich habe eine Idee. Eine Geschäftsidee. Machen Sie mit?", fragt Abdel eines Tages.

„In meinem Zustand?", antworte ich.

„Ich bin schon lange kein Geschäftsmann mehr. Und das finde ich auch gar nicht so schlimm. Der ganze Stress ..."

Doch Abdel lässt sich nicht von seiner Idee abbringen: „Ein Freund von mir ist Automechaniker. Und er macht noch so andere Sachen ..."

„Das hört sich für mich nach Betrug an", antworte ich. „Und außerdem sind wir beide keine Automechaniker. Da müssten wir uns was anderes ausdenken."

Abdel lächelt. Hat er es doch geschafft: Ich fange an nachzudenken. Eine Geschäftsidee, die zu Abdel passt. Etwas Besonderes. Etwas, das ich in meinem Zustand machen kann.

„Wir könnten Autos vermieten, die wir den Kunden nach Hause bringen. Dann brauchen sie sie nicht selbst abzuholen", schlage ich vor. Abdel ist begeistert.

Abdel soll Fahrer für unsere Mietwagen finden. „Dafür habe ich genau die richtigen Jungs!", ruft er erfreut.

Vier junge Männer kommen sich vorstellen. Mit ihren drei <u>Pitbulls</u>.
Als sie weg sind, frage ich Abdel: „Wo haben Sie *die* denn her?"
„Wir waren alle zusammen im Gefängnis", antwortet er. Als ob es die normalste Sache der Welt ist.

Abdel hat sich selbst zum Chef ernannt. Er schreit den anderen Befehle zu.
Das Team verteilt Tausende Werbezettel in der Stadt.
Und wir setzen eine Anzeige in die Zeitung.
Das Telefon klingelt pausenlos. Unser Geschäft ist sofort sehr erfolgreich.
Doch genauso schnell geht es auch schief.

Ich werde zum ersten Mal ins Büro gebracht. Da stellt sich ein Auto vor unseren Wagen. Abdel fängt sofort an zu schimpfen. Der Fahrer des anderen Autos kurbelt die Scheibe herunter.
„Ich habe Vorfahrt!", ruft der Mann.

Abdel gibt ihm eine Ohrfeige. Daraufhin holt der Mann ein Messer aus der Jacke. Einer der Jungs unseres Teams packt den Mann am Kragen. Er schiebt ihn zu Abdel. Und los geht die Schlägerei. Abdel haut dem Mann mit der Faust ins Gesicht. Er blutet.

„War das wirklich nötig?", frage ich Abdel.
„So muss man Idioten nun mal behandeln", ist seine Antwort.

Das Büro ist verdreckt und unaufgeräumt. Die Pitbulls rennen wild umher. Ich vermute, dass sie auf den Teppich pinkeln. Der Geruch ist unerträglich.
Überall steht benutztes Geschirr und Müll. Auf dem Boden liegen Decken. Unsere Fahrer schlafen wohl dort. Und wo man hinschaut: Papiere, alle durcheinander. Abdel rasiert sich nicht mehr. Keine Zeit.

Auf der anderen Straßenseite sehe ich eines unserer Autos stehen. Mit einer riesigen Beule.
„Das kriegen wir schon hin", versichert mir Abdel. Aber alle unsere Wagen sehen schon nach kurzer Zeit furchtbar aus. Einige müssen wir sogar verschrotten lassen. Es lohnt sich nicht mehr sie zu reparieren.

Eine Freundin ruft mich an. Sie hat einen Wagen von uns gemietet. Doch das Auto kam eine Stunde zu spät. Es war dreckig. Der Tank war leer. Einer von Abdels Jungs hat es gebracht, gekleidet in Jeans und Turnschuhen. Dann hat er sie auch noch gebeten, ihn in der Stadt abzusetzen.

An einem anderen Tag ruft die Polizei an. Abdel und einer der Fahrer wurden verhaftet. Im Kofferraum des Autos lag ein Mann, zusammengeschlagen.
„Der Kunde hat das Auto drei Tage länger behalten als verabredet", erklärt mir Abdel. „Da haben wir es uns einfach geholt!"

Abdel hat Glück. Der Kunde zeigt Abdel nicht an. Er hat vielleicht Angst, dass er noch mal verprügelt wird.

Viele Kunden beschweren sich. Sie sind nicht zufrieden mit unserem Service. Das Geschäft mit den Mietwagen kostet mich viel Geld. Zu viel Geld. Und es macht nur Ärger. Darum höre ich damit auf. Das war's mit dem Geschäft.

Überraschung

Seit Wochen regnet es. Ich liege im Bett und fühle mich erbärmlich. Da ist es wieder, das Brennen im Körper. Es ist fast unerträglich.

„Morgen ist der Geburtstag Ihres Patenkindes", sagt Abdel. „Der Junge wird 18! Da muss man was machen!" „Kümmern Sie sich darum, Abdel", bitte ich ihn.

Am nächsten Morgen teilt mir Abdel mit: „Ich habe eine Bauchtanzshow organisiert!" Ich mache mir Sorgen: „Doch nichts Geschmackloses, Abdel?" „Keine Sorge!", beruhigt er mich.

Am Festabend zieht Abdel mir meinen Smoking an. Er bindet die Fliege um. Und er schiebt ein schickes Tuch in die Brusttasche des Smokings. Damit ich nicht ohnmächtig werde, sitze ich nicht im Rollstuhl. Ich liege. Das ist besser für meinen Kreislauf.

Mein Patensohn und seine Freunde kommen aus den vornehmsten Familien Frankreichs.

Familien mit viel Geld. Sie haben sich alle schick angezogen. Es gibt Champagner und feines Gebäck. Aus der Stereoanlage ertönt laute Musik.

Ich glaube, ich werde doch ohnmächtig. Obwohl ich liege. Abdel merkt es sofort. Er hält meine Beine hoch in die Luft. Dann kann das Blut wieder in meinen Kopf fließen. Den jungen Gästen ist das alles unangenehm. Sie gucken weg.

Langsam geht es mir wieder besser. Ich halte eine kurze Rede für mein Patenkind. Abdel gibt ihm das Geschenk: einen Fotoapparat. Alle klatschen.
„Machen Sie bitte etwas Platz", bitte ich die Gäste.
„Abdel war so nett, sich eine Überraschung auszudenken."

Abdel legt arabische Musik auf. Feierlich öffnet er die riesigen Türen zum anderen Saal. Nichts passiert. Er stellt die Musik lauter. Ich erwarte eine hübsche Bauchtänzerin. Eine, die geschmackvoll ihre Hüften bewegt. Doch es kommt anders. Eine dicke Frau kommt in den Saal gerannt. Manche Gäste erschrecken sich so, dass sie einen Schrei ausstoßen.

Das ist keine Bauchtänzerin. Die Frau ist nackt!
Ihren vollen Körper wiegt sie im Takt der Musik hin und
her. Die Gäste wissen nicht, wo sie hinschauen sollen.
Ihnen ist das alles sehr unangenehm. Überall sehe ich
rot angelaufene Gesichter.
„Was soll denn das, Onkel?!", fragt mein Patenkind
entrüstet.

Jetzt steht die Frau vor mir. Sie denkt wohl, dass ich
Geburtstag habe. Vielleicht sieht sie an meinem
geschockten Blick, dass sie den Falschen vor sich hat.
Schnell setzt sie sich auf den Schoß meines 18-jährigen
Patensohnes. Er hält es 30 Sekunden aus. Dann springt
er auf. Er fängt an, die Frau zu beschimpfen. Auch die
anderen Gäste machen mit. Die Frau verschwindet
durch die Tür.

„Ihr Fest war nett, Onkel", sagt mein Patenkind wenig
später. „Zum Glück sind meine Eltern nicht da.
Sie brauchen ihnen auch keine Fotos zu schicken."
Abdel bringt mich zurück in mein Zimmer. Unterwegs
treffen wir die sogenannte Bauchtänzerin.
Sie trägt einen dicken Pelzmantel. Neben ihr steht ihr
„Manager", ein echter Zuhälter.

Erleichterung

Heute Abend geht es mir noch schlechter. Ich kann nur noch stöhnen. Ich bekomme kaum Luft. Abdel meldet sich in der Sprechanlage. „Geht es Ihnen nicht gut?"
Ich ächze. Diese Schmerzen … Das Brennen …
Sofort ist Abdel bei mir. Wie immer.

Er zieht mich an und setzt mich in meinen Rollstuhl. Das kann er inzwischen so gut wie ein gelernter Pfleger. Vielleicht sogar besser. Er weiß genau, wie er mit mir umgehen muss.
Es ist spät. Trotzdem will Abdel mit mir raus, an die frische Luft. Er schiebt mich quer durch Paris. Es ist lange her, dass ich nachts unterwegs war. Es tut mir gut.

Vor einem Nachtclub bleibt Abdel stehen. „Nein, Abdel, nicht zu diesen Idioten!", rufe ich noch.
„Es dauert nicht lange", versichert er mir. „Ich muss nur schnell was erledigen."
Am Eingang stehen ein paar komische Typen. Abdel redet mit ihnen. Dann zeigt er auf mich. Ein schlecht rasierter Mann holt eine Schachtel Zigaretten aus seiner Jacke. Er nimmt sich eine und zündet sie an.

Dann gibt er sie Abdel. Mit einem breiten Grinsen
kommt er zu mir.

„So, und das rauchen sie jetzt mal", sagt er. Die Zigarette
schmeckt scheußlich. Abdel schiebt mich weiter durch
die Straßen. Vor meinen Augen dreht sich alles.

„Was war denn das für ein Zeug?", will ich wissen.

„Ein bisschen Dope kann doch nicht schaden!",
antwortet Abdel.

„Na hör mal, Abdel! So was habe ich noch nie geraucht!
Du hättest mich ja wenigstens vorher fragen können!"

Da fällt mir Abdels Bauchtänzerin von gestern ein.

„Das war nicht in Ordnung, Abdel! Das hättest du nie
gemacht, wenn es dein eigener Sohn gewesen wäre."
Abdel versteht mich nicht:

„Es war doch nur Spaß."

Ich rede und rede. Das ist wohl eine Nebenwirkung
der Drogen. Abdel lässt mich reden. Irgendwie fühle
ich mich besser als vorhin. Durch diesen nächtlichen
Ausflug kann ich meine Schmerzen für einen
Augenblick vergessen.

„Das müssen wir öfter machen, Abdel!"

Endlich wieder fliegen

Abdel und ich fahren zum Flughafen. Mein Flugzeug
wartet schon auf uns. Abdel kann es nicht fassen.
Ein Flugzeug! Ich glaube, er ist noch nie geflogen. Er ist
aufgeregt.
Abdel trägt mich hinein und setzt mich in einen Stuhl.
Nachdem wir beide angeschnallt sind, geht es los.
Das Flugzeug hebt ab.
„Mir gefällt das alles nicht", sagt Abdel kopfschüttelnd.
Er schiebt meine Hand wieder auf die Armlehne. Sie war
beim Start runtergerutscht.

„Warum gefällt es Ihnen nicht?", frage ich.
„Na ja ... Sie haben immer so viel Pech: erst der Unfall,
dann der Rollstuhl, dann der Tod Ihrer Frau ... Wer weiß,
was noch passiert!"

Ich habe eine schöne Überraschung für Abdel.
Die Flugbegleiterin bringt einen Umschlag und gibt ihn
Abdel. „Was ist das?", fragt er.
Ich grinse.
„Das sind 11.000 Euro. Für das Bild, das Sie gemalt
haben. Machen Sie weiter! Sie haben Talent."

Abdel hat keine Zeit sich zu freuen. Er erschreckt sich.
Das Flugzeug hat gerade ein wenig geruckelt.
„Was war das denn?", fragt er entsetzt.
„Ein Luftloch. Es war nett, Sie kennengelernt zu haben",
ärgere ich ihn. Abdel findet das gar nicht lustig.

Nach der Landung fahren wir mit dem Auto weiter.
Wir erreichen die Berge. Abdel schiebt mich dorthin,
wo wir alles gut sehen können. Da schweben sie: Meine
Freunde, die Gleitschirm-Flieger. Hoch in der Luft.

Ich will noch einmal fliegen. Und zwar genau dort, wo
ich abgestürzt bin. Meine liebe Frau mochte das Fliegen
nicht so. Sie hat sich immer Sorgen gemacht. Doch jetzt
hoffe ich, dass ich ihr in der Luft nahe sein kann. Näher
als auf der Erde. Ich möchte mit ihr reden. So wie ich es
nachts manchmal tue. Manchmal spüre ich, dass ich zu
ihr möchte.

„Wer so was macht, muss verrückt sein", sagt Abdel.

Meine Freunde haben einen speziellen Sitz für mich
machen lassen. Sie ziehen mir meinen Anzug an und
schnallen meinen Helm fest.

Alleine fliegen geht natürlich nicht mehr. Darum fliege ich zusammen mit einem meiner Gleitschirm-Freunde. Tandemsprung nennt man das.

„Sie sind krank!", ruft Abdel empört.
Ich muss lachen.
„Zieht Abdel auch einen Anzug an", bitte ich meine Freunde.
„Auf keinen Fall!", antwortet Abdel.

Doch Abdel ist zu stolz, um sich nicht zu trauen.
Kurz darauf hat er einen Helm auf.
Alles ist bereit. Dann bekommt Abdel richtig Angst.
Er will den Helm wieder abnehmen.

Inzwischen fliegen mein Gleitschirm-Freund und ich schon los. Er ist hinter mir angeschnallt und steuert. Ich bewege meinen Kopf und zeige ihm so, wo er hinfliegen soll.

Abdel will noch immer nicht fliegen. Doch da geht es schon los. Mit einem anderen meiner Freunde hebt er ab. Es dauert nicht lange, bis ich ein breites Lachen auf seinem Gesicht sehe.

„Und, Abdel? Genießen Sie?", rufe ich ihm in der Luft zu.
„Ich genieße!", schreit er.

Unter uns liegt grünes Gras. Ich sehe Wälder, Wege, Berge. Endlich spüre ich wieder die Luft in meinem Gesicht.

Überwintern in Marokko

Der Winter in Paris tut mir nicht gut. Mein Körper mag das Wetter nicht. Ich will Sonnenschein. Abdel schlägt vor, nach Marokko zu fahren. Dort ist es im Winter trocken.
„Alles ist vorbereitet", behauptet Abdel.

Als wir in Marokko ankommen, haben wir keine Wohnung. Irgendetwas hat da wohl nicht geklappt.
„Kein Problem. Ich weiß eine Adresse hier in Marrakesch", sagt Abdel zuversichtlich.

Wir klingeln bei einer blonden Frau. Ich bekomme ein Zimmer im Erdgeschoss. Abdel bringt mich ins Bett. Es ist frisch im Zimmer. Er bittet die Frau, besser zu heizen. Dann lädt er das Auto aus.

Nach einer Stunde ist er noch nicht zurück. Ich rufe ihn an. „Wo bleiben Sie denn?", frage ich.
„Ich muss nur noch was erledigen", antwortet Abdel. Das sagt er immer, wenn etwas nicht in Ordnung ist.
Mein Körper fängt an zu schmerzen.
Nach langer Zeit kommt Abdel endlich wieder.

Seine Hand ist verbunden. Er war auf der Polizeiwache. So kurz nach unserer Ankunft hat er sich schon geprügelt.

„Es wird bald wärmer werden in Ihrem Zimmer", sagt Abdel. „Ich heize jetzt erst mal der Blondine ein!"

Ich kann kaum schlafen. Im Nebenzimmer höre ich Stöhnen und Schreie. Und dann nichts mehr. Nach einer Weile fängt das Gleiche wieder an. Es ist Abdel anscheinend egal, dass die Frau einen Mann hat.

Am nächsten Morgen erzählt Abdel unschuldig: „Wussten Sie schon, dass Madame nächste Woche heiratet?"
Da muss ich dann doch ein wenig schmunzeln.

Noch immer haben wir keine Wohnung gefunden.
Wir beschließen darum, durchs Land zu reisen.
Am Mittelmeer finden wir sogar ein Hotel mit Heizung.
Abdel gefällt die junge Frau an der Rezeption.

„Im Sommer machen hier ganz viele Leute Urlaub. Reiche Leute!", sagte Abdel.

Ich vermute, er hat schon wieder eine verrückte Geschäftsidee. Aber ich frage lieber nicht nach.

In diesem Ort am Meer gibt es viele hübsche Frauen. Sie bezaubern mich. Durch sie spüre ich weniger Schmerzen.
Staubwolken wirbeln auf. Ich bewundere die schönen Gebäude. Auf der Straße erzählt ein Mann alte Märchen. Die Menschen hören ihm gespannt zu.
Ein Stück weiter beten Menschen.
Ein Schlangenbeschwörer bewegt sich zur Musik.

Marokko tut mir gut. Hier mache ich mir weniger Sorgen.

Khadija

Der Regen hat die Menschen in die Häuser gejagt.
Doch eine schöne, schlanke Frau geht ruhig über die
Straße. Der Regen stört sie nicht. Es sieht fast so aus, als
ob sie über die Straße gleitet. Dann sehe ich ein kleines
Mädchen neben ihr. Es streckt die Hand nach der
Frau aus. Gemeinsam verschwinden sie aus meinem
Blickfeld.
Und ich kann nur noch denken: Wer war diese Schöne?

Ich habe Fieber. Meine Schmerzen sind unerträglich.
Ein Freund lädt mich zu sich nach Hause ein. In seinem
Innenhof liege ich neben einem Springbrunnen.
Und auf einmal ist sie da, die Schöne. Sie heißt Khadija.
Ihre Augen sind schwarz. Das kleine Mädchen heißt
Sabah. Khadija hat Sabah am Flussufer gefunden und
sie als Tochter angenommen.
Ich lächle den beiden zu.

Khadija und Sabah kommen jeden Tag zu mir.
Ich erzähle ihnen Geschichten. Sabah singt mir
Kinderlieder vor. Wenn sie aus der Schule kommt, zeigt
sie mir stolz ihr Heft.

„Wann bist du wieder gesund?", fragt sie mich eines Tages.

„Das dauert noch", antworte ich. „Aber vielleicht kannst du mir ja helfen."

Khadija setzt Sabah zum Zeichnen an einen Tisch. Dann setzt sie sich selbst neben mich. Sie legt ihren Kopf an meine Schulter. Mit ihrer Hand streichelt sie meine Wange. Ich küsse sie auf die Stirn. Dann schließe ich die Augen. Sie riecht nach Zitronen. Khadija ist eingeschlafen. Das berührt mich. Sie vertraut mir so sehr, dass sie bei mir einschläft.

Ein Sonnenstrahl weckt sie wieder auf. Khadija lächelt mich an. Dann schmiegt sie sich noch dichter an mich. Sie küsst mich zärtlich.

Geburtstag

Khadija ist nie mehr weggegangen. Sie ist meine
Frau geworden. Und Sabah hat eine kleine Schwester
bekommen: Wijdane.

Zu meinem sechzigsten Geburtstag hat Khadija ein Fest
organisiert. Ohne mir davon zu erzählen. Eine schöne
Überraschung. Hundert Gäste sind da: Mitglieder
meiner Familie, meine Kinder aus meiner Ehe mit
Béatrice. Außerdem meine Freunde vom Gleitschirm-
Fliegen. Und natürlich Abdel.
Ich freue mich sehr. Es bedeutet mir viel, dass sie alle
gekommen sind.

Ich schaue auf die Zeit nach meinem Unfall zurück.
Mit viel Liebe denke ich an Béatrice, meine liebe
verstorbene Frau. Sie wird immer bei mir sein.

Ich danke Abdel. Schon so lange ist er für mich da.
Mehrmals hat er mir das Leben gerettet.
Er war der ganzen Welt böse. Er hat viele verbotene
Dinge getan. Doch ohne ihn hätte ich nicht überlebt.
Mit viel Hingabe hat er mich gepflegt.

Er hat mich zum Lachen gebracht. Und mir Mut
zum Leben gegeben. Er hat mich nach Marokko
mitgenommen. In das Land, in dem ich meine heutige
Frau getroffen habe.

Viele Leute haben das Verhältnis zwischen Abdel
und mir nicht verstanden. Doch wir waren beide
füreinander da. Er für mich. Und ich irgendwie auch für
ihn.
Immer habe ich an Abdel geglaubt. Ich wusste, dass er
schlau ist. Und ich fand, dass er eine bessere Zukunft
verdient. Er kannte ja nur die Gewalt der Straße.
Vielleicht schätzt Abdel mich darum: Ich habe ihn
immer mit Respekt behandelt.

Seit dem Unfall habe ich vieles gelernt:

- Die Schmerzen machen mich wütend. Das ist gut.
  Denn dadurch bleibe ich wach, am Leben.
- Neben den Schmerzen habe ich nicht viel Zeit.
  Darum sollte ich keine Dinge tun, die nicht wirklich
  wichtig sind.
- Man muss nicht immer reden. Manchmal ist es gut,
  still zu sein.

- Ich bin nicht alleine auf der Welt. Es hilft mir, wenn mich jemand tröstet.
- Durch die Lähmung muss ich viel Geduld haben. Doch Warten ist nicht schlimm. Man kann es lernen.
- Wir sind alle verwundbar. In einem kleinen Moment kann sich das ganze Leben ändern. Seid nett zueinander. Helft anderen. Und seid bescheiden.

Viele schlechte Momente habe ich erlebt. Einsamkeit. Schmerzen. Ich hielt es nicht mehr aus. Wollte nicht mehr leben.
Jetzt schaue ich mich um. Ich bin sechzig Jahre alt.
Dort stehen meine Familie, meine Freunde, Abdel.

Ich habe die Lebenslust wiedergefunden.

Wie leben Philippe und Abdel heute?

Heute lebt Philippe Pozzo di Borgo in Marokko, mit seiner Frau Khadija und den beiden Töchtern Sabah und Wijdane. Er ist viel unterwegs, denn er wird oft zu Veranstaltungen eingeladen. Dort spricht er über sein Buch.

Abdel heißt mit vollem Namen Abdel Sellou. Er wohnt abwechselnd in Algerien und Frankreich und ist verheiratet: mit der Frau von der Rezeption des Hotels am Meer. Gemeinsam haben sie drei Kinder. Abdel hat einen eigenen Betrieb, in dem er Hühner züchtet.

Zehn Jahre hat sich Abdel insgesamt um Philippe gekümmert. Die beiden sind noch immer befreundet. Sie treffen sich regelmäßig.

Buch und Film

Das Buch *Le second souffle / Der zweite Atem* wurde bisher weltweit 600.000 Mal verkauft. In Deutschland alleine 350.000 Mal.

Noch erfolgreicher ist der Film: 30 Millionen Menschen haben ihn gesehen. In Deutschland gingen schon fast 10 Millionen Menschen in die Kinos.

Auch Abdel hat mittlerweile ein Buch über seine Zeit mit Philippe geschrieben: *Einfach Freunde: Die wahre Geschichte des Pflegers Driss aus »Ziemlich beste Freunde«.*

Nachwort der Aktion Mensch

Das Buch *Ziemlich beste Freunde* handelt von der Freundschaft zwischen zwei Männern. Sie sind sehr unterschiedlich. Doch für ihre Freundschaft ist es egal, dass Philippe gelähmt ist. Auch, dass Abdel im Gefängnis saß, ist nicht wichtig. Der eine nimmt den anderen so, wie er ist. Und: Sie haben gemeinsam viel Spaß!

Die Geschichte von Philippe und Abdel gibt es auch als Film. Fast 10 Millionen Menschen haben ihn sich schon im Kino angeschaut. Sie alle konnten sehen: Niemand braucht Berührungsängste gegenüber Menschen mit Behinderung zu haben. Das bedeutet: Menschen ohne Behinderung müssen keine Angst haben, etwas falsch zu machen. Oder etwas Falsches zu sagen.

Auch das Buch *Ziemlich beste Freunde* war ein großer Erfolg. Die Aktion Mensch weiß aber, dass es für viele Menschen schwierig zu lesen ist.

Darum hat sie das Buch in Einfache Sprache übersetzt, gemeinsam mit dem Spaß am Lesen Verlag.

Mit dieser Übersetzung will die Aktion Mensch zeigen: Leicht lesbare Bücher sind genauso wichtig wie Rampen für Rollstuhlfahrer. Oder wie Rillen im Boden, an denen Blinde das Ende des Bürgersteiges ertasten können.

Denn Menschen mit Behinderung sollen es so leicht wie möglich haben. Es darf für sie keine unnötigen Schwierigkeiten geben. Sie brauchen Barrierefreiheit.

Nur so können sie überall mitmachen, genau wie Menschen ohne Behinderung: bei der Arbeit, in ihrer Freizeit und unterwegs. Sie sollen dazugehören wie jeder andere auch. Das nennt man Inklusion.

Dafür setzt die Aktion Mensch sich ein. Sie ist die größte private Organisation in Deutschland, die Menschen mit Behinderung auf diese Art und Weise hilft. Sie will Menschen mit und ohne Behinderung zusammenbringen.

Was genau tut die Aktion Mensch?
Sie fördert zum Beispiel:

- Beratungen zum Persönlichen Budget.
- Schulungen, die es Menschen im Beruf einfacher machen sollen.
- gemeinsame Ferien von Jugendlichen mit und ohne Behinderung.
- gemeindenahes Wohnen.

Manche Informationen gibt es schon in Einfacher Sprache. Zum Beispiel Broschüren über Politik, Arbeiten, Wohnen, Liebe oder Sexualität. Doch es gibt noch wenige Bücher für Menschen, denen das Lesen schwerfällt. Dabei geht es um:

- Menschen mit Lernschwierigkeiten
- Menschen mit Legasthenie
- Menschen, die nicht so gut Deutsch können
- Ältere Leute, die sich nicht lange konzentrieren können
- Erwachsene, die nie Lesen gelernt haben
- Menschen, die erst jetzt Lust aufs Lesen haben – es als Kind jedoch nie geübt haben.

Alle sollen Spaß am Lesen finden. Denn Inklusion heißt, dass alle mitmachen können. Ob Deutsche oder Menschen ausländischer Herkunft, ob Alt oder Jung.

Es geht darum, dass „Anderssein" normal ist. Genauso wie bei Philippe und Abdel.

Ihre Aktion Mensch

Schwierige Wörter aus diesem Nachwort sind unterstrichen. Die Erklärungen stehen in einer gesonderten Wörterliste ab Seite 78.

WÖRTERLISTE

In alphabetischer Reihenfolge

Algerien

Ein Land im Norden von Afrika.

Behindertenausweis

In diesem Ausweis steht, welche Behinderung jemand hat.

Bewerbungsgespräch

Man bewirbt sich schriftlich für eine Arbeitsstelle.
Wenn man einen guten Eindruck macht, wird man zum
Bewerbungsgespräch eingeladen. Dabei erzählt man über
sich selbst. Zum Beispiel darüber, warum man für die Stelle
gut geeignet ist. Außerdem stellt man dem Arbeitgeber
Fragen zur Arbeit. Ein Bewerbungsgespräch nennt man auch
Vorstellungsgespräch.

Blutdruck

Das Herz pumpt das Blut mit einem bestimmten Druck durch
die Adern. Diesen Druck nennt man Blutdruck. Bei niedrigem
Blutdruck wird einem schwindlig und kann man ohnmächtig
werden.

Bullen

Umgangssprache für Polizisten.

Die Klappe halten

Nichts sagen, schweigen.

Dope

Das englische Wort für Droge. Hier ist ein Joint gemeint.

Das ist eine Zigarette, in der die Droge Cannabis (Haschisch) enthalten ist.

Einbahnstraße

In einer Einbahnstraße darf man nur in einer Richtung fahren.

Flugbegleiterin

Eine Flugbegleiterin arbeitet für eine Fluggesellschaft.

Ein anderes Wort für Flugbegleiterin ist Stewardess.

Sie erklärt den Fluggästen, was sie bei einem Notfall tun müssen. Sie bringt Getränke und Essen. Und sie hilft den Fluggästen, wenn das nötig ist.

Geblitzt

An manchen Stellen auf den Straßen stehen Radargeräte. Sie messen, ob die Autos zu schnell fahren. Fährt ein Auto zu schnell, dann wird es geblitzt. Das bedeutet: Das Gerät fotografiert das Auto. Dabei blitzt es.

Gleitschirm-Fliegen

Dabei hängt man in Gurten unter einem riesigen Segel, dem Gleitschirm. Man fliegt los, indem man einen Hang hinunter rennt. Die Luft ergreift das Segel – man fliegt. Steuern kann man mit Leinen, die am Segel befestigt sind. Man kann alleine fliegen oder zu zweit. Gleitschirm-Fliegen nennt man auch Paragleiten oder Paragliding.

Harnstau

Man hat einen Harnstau, wenn der Urin nicht abfließen kann.

Haushälterin

Eine Haushälterin hilft im Haushalt. Also zum Beispiel beim Waschen, Kochen und Saubermachen. Was sie genau tun muss, kommt auf den Haushalt an. Bei sehr reichen Menschen macht sie vieles nicht selbst. Dort ist sie eher dafür da, alles gut zu regeln.

Künstliches Koma

Ein Koma ist so etwas wie ein ganz tiefer Schlaf. Der Mensch ist nicht bei Bewusstsein. Ein Koma kann zum Beispiel nach einem ganz schweren Unfall entstehen. Ein künstliches Koma bedeutet: Die Ärzte wollen, dass der Patient in ein Koma fällt. Sie geben ihm mit Absicht viele Medikamente. Der Körper soll sich im künstlichen Koma besser ausruhen. Dadurch kann der Patient schneller gesund werden.

Luftloch

In einem Luftloch verliert das Flugzeug auf einmal ein bisschen an Höhe. Es fühlt sich an, als falle man in ein Loch. Es ruckelt kurz. Ein Luftloch ist aber kein richtiges Loch. Die Luft ist an dieser Stelle „unruhig". Zum Beispiel durch unterschiedliche Temperaturen. Oder durch den Wind.

Luxusvilla

Ein sehr großes und schickes Haus mit vielen Zimmern und einer teuren Einrichtung.

Madame

Madame ist das französische Wort für Frau oder Dame.

Marokko

Marokko ist ein Land im Nordwesten von Afrika. Es liegt neben Algerien.

Marrakesch

Marrakesch ist sowohl eine Stadt in Marokko als auch eine Provinz. Eine Provinz ist ein Teil des Landes, so etwas Ähnliches wie ein Bundesland. Hier ist die Stadt Marrakesch gemeint.

Mautstelle

Für manche große Straßen muss man Geld bezahlen, um darauf fahren zu dürfen. Das nennt man Mautgebühr. Das Geld zahlt man an einer Mautstelle. Man hält an einem Häuschen, bezahlt und fährt weiter.

Metro

Das französische Wort für U-Bahn.

Oper

Eine Oper ist ein Theaterstück, das gesungen wird. Die Schauspieler sprechen also nicht, sie singen alles. Die ersten Opern gab es in Italien. Das war vor etwa 400 Jahren. Philippe Pozzo di Borgo hat oft die Oper *Norma* von Vincenzo Bellini während des Fliegens gesungen.

Auch zum Beispiel Wolfgang Amadeus Mozart, Giuseppe
Verdi und Richard Wagner haben Opern geschrieben.

Patenkind

Manche Eltern möchten gerne einen Paten für ihr Kind
haben. Das kann ein Patenonkel oder eine Patentante sein.
Er oder sie soll ganz besonders für das Patenkind da sein.
Zum Beispiel wenn den Eltern etwas zustößt.
Früher waren Paten vor allem dazu da, dem Kind über den
christlichen Glauben zu erzählen. Sie sollten es auf die Taufe
vorbereiten.

Phantomschmerzen

Das sind Schmerzen in einem Körperteil, den man eigentlich
nicht spüren kann. Zum Beispiel weil man den Körperteil
nicht mehr hat. Oder wenn man gelähmt ist.

Pitbull

Eine Hunderasse. Pitbulls werden oft als Kampfhunde
benutzt. Sie sind besonders stark und können kräftig beißen.

Reha-Zentrum

„Reha" ist die Abkürzung für Rehabilitation. Das bedeutet
so etwas wie „Wiederherstellung". Eine Reha macht man
nach einem Unfall, einer Operation oder einer schweren

Krankheit. Ein Reha-Zentrum ist ein Ort, an dem man viele Übungen macht. Der Körper soll wieder lernen, so gut wie möglich zu funktionieren.

Respekt

Respekt vor jemandem haben bedeutet jemanden zu achten, seine Meinung oder sein Verhalten schätzen.

Rolls Royce

Eine sehr teure, englische Automarke.

Rumkriegen

Hier ist gemeint: Abdel spricht die Frauen an und will sich mit ihnen verabreden. Er verführt sie, möchte mit ihnen Sex haben.

Sakko

Ein Sakko ist eine Anzugjacke. Männer ziehen es oft zu einer Bewerbung an. Oder auch zu anderen wichtigen Anlässen.

Sauerstoffmaske

Sauerstoff braucht man zum Atmen. In der Luft ist genug Sauerstoff. Doch manchmal kann der Körper nicht genug Sauerstoff aufnehmen. Zum Beispiel nach einem Unfall oder während einer Krankheit. Dann bekommt man eine Maske über die Nase und den Mund. Da kommt extra viel Sauerstoff

heraus. Der soll dem Körper helfen, schneller gesund zu
werden.

Schlangenbeschwörer

Ein Schlangenbeschwörer tut so, als lasse er eine Schlange
tanzen. Er spielt oft auf einer Flöte. Die Schlange ist erst in
einem dunkeln Korb oder Sack.
Wenn sie Tageslicht sieht, bewegt sie sich zur Musik. So sieht
es jedenfalls aus. In Wirklichkeit kann eine Schlange kaum
hören. Das Tier folgt der Flöte mit den Augen. Sie will sich
nämlich verteidigen können, wenn sie angegriffen wird.

Schutzengel

Manche Menschen glauben an Engel, die sie beschützen.
Sie glauben, dass die Schutzengel in schwierigen Momenten
auf sie aufpassen.

Seine Tage bekommen

Man sagt auch: die Periode bekommen oder menstruieren.
Gemeint ist die Blutung, die ein Mädchen oder eine Frau
einmal pro Monat bekommt.

Smoking

Ein Smoking ist ein sehr schicker Anzug für Männer.

Studio

Das Wort kann mehrere Bedeutungen haben. Hier ist
gemeint: ein großes Zimmer mit eigenem Bad.

Suprapubischer Katheter

Einen suprapubischer Katheter bekommt man, wenn man
selber nicht pinkeln kann. Es ist ein Schlauch, der in die
Harnblase eingeführt wird. In der Harnblase sammelt sich
der Urin. Über den Katheter läuft der Urin von selbst heraus.

Tandemsprung

Bei einem Tandemsprung hängen zwei Menschen dicht
aneinander unter dem Gleitschirm. Der eine steuert, der
andere braucht nichts zu tun.

Tetraplegie

Eine Tetraplegie ist eine Lähmung. Ein Tetraplegiker kann
nur seinen Kopf bewegen. Arme und Beine sind meistens
ganz gelähmt. Manchmal können Tetraplegiker eine Hand
oder beide Hände bewegen. Diese Lähmung entsteht fast
immer durch einen Unfall.

Vom Laster gefallen

Jemand sagt, dass die Ware von einem Lastwagen
heruntergefallen ist.

Er tut so, als ob er sie zufällig gefunden hat. In Wirklichkeit hat er die Ware gestohlen.

Zuhälter

Manche Frauen oder Männer haben Sex mit Männern, um Geld zu verdienen. Sie verkaufen ihren Körper. Man nennt sie Prostituierte. Ein Zuhälter ist so etwas wie ihr Chef. Er bekommt einen großen Teil ihres Geldes. Er bestimmt, was sie tun sollen. Dafür sagt er, dass er die Prostituierten beschützt. Allerdings suchen sich viele Prostituierte ihren Zuhälter nicht selbst aus. Sie werden gezwungen.

Zwerchfell

Das Zwerchfell liegt zwischen Brustraum und Bauchraum. Es ist eine Art Platte aus Muskeln und Sehnen. Beim Einatmen bewegt sich das Zwerchfell nach unten. Beim Ausatmen kommt es wieder hoch. Man nennt das Zwerchfell auch Atemmuskel.
Beim Atmen sind auch andere Muskeln wichtig. Zum Beispiel die Brustmuskeln oder die Muskeln zwischen den Rippen. Durch eine Lähmung funktionieren diese Muskeln jedoch nicht. Darum muss ein Tetraplegiker lernen, mehr mit dem Zwerchfell zu atmen.

Wörter aus dem Nachwort der Aktion Mensch

Barrierefreiheit

Ein anderes Wort für Barriere ist Hindernis.
Barrierefreiheit bedeutet: Alle Menschen sollen sich
überall bewegen können, ohne Hindernisse. Das Wort
benutzt man im Bezug auf Menschen mit Behinderung.
Denn auch sie sollen überall hinkommen können.
Man will es ihnen so leicht wie möglich machen.
Sie sollen genauso am Leben teilhaben können wie
Menschen ohne Behinderung. Deshalb gibt es zum
Beispiel abgesenkte Bürgersteige. Und darum sind an
vielen Einkaufswagen Lupen befestigt. Damit können
Menschen mit schlechten Augen die Texte auf den
Verpackungen lesen.

Gemeindenahes Wohnen

Menschen mit Behinderung leben zwischen Menschen
ohne Behinderung. Also nicht in einer großen
Einrichtung oder nur am Stadtrand.

Inklusion

Das Wort Inklusion kommt aus dem Lateinischen und bedeutet Einschließung. Gemeint ist: Alle Menschen sollen am gesellschaftlichen Leben teilhaben können. Auch Menschen mit Behinderung. Sie sollen arbeiten können, Sport treiben, Spaß haben, mitreden und mitmachen. Genau wie Menschen ohne Behinderung.

Legasthenie

Menschen mit Legasthenie können Wörter schwer verarbeiten. Sie sehen Buchstaben, aber begreifen die Bedeutung nur mit Mühe.

Persönliches Budget

Das ist Geld, das Menschen mit Behinderung vom Staat bekommen können. Damit können sie Pflegeleistungen kaufen.

Als DVD, Blu-ray und VoD überall im Handel erhältlich!